Henri Blaze de Bury

Le Salon
de 1848

Critique

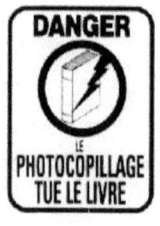
ISBN : 978-1543201079

10 9 8 7 6 5 4 3 2 1

Henri Blaze de Bury

Le Salon de 1848

Critique

Table de Matières

LA PEINTURE

Un décret promulgué dans la nuit même de l'insurrection de février avait annoncé que le salon de peinture serait ouvert le 15 mars, comme de coutume. La république, polie comme une majesté déchue, s'est piquée d'exactitude. Quoique le nombre des ouvrages présentés et admis cette fois sans contrôle préalable dépassât cinq mille, le Salon a été ouvert au jour et à l'heure indiqués. Hâtons-nous de le dire, cette sorte de franchise illimitée accordée à l'art ne lui est pas favorable ; l'ordre qu'ont apporté dans ce chaos la direction des musées et le jury de classement nommé par les artistes a sans doute pour effet d'épargner au public quelques fatigues, il ne peut rendre supportable ce qui est mauvais, et, il faut en convenir, quelque douloureux que puisse être cet aveu pour notre amour-propre national, le mauvais surabonde, la médiocrité déborde ; les artistes éminents sont peu nombreux. Le génie comme la vertu est-il donc en grande minorité sur la terre ?

Il semblerait, à la première vue, que la commission de classement désignée par les artistes ait voulu, dans cette opération, faire une application rigoureuse de la devise sacramentelle de la république : *Liberté, égalité, fraternité.* La liberté était acquise de droit, mais serait-ce pour obéir aux exigences de l'égalité ou aux devoirs de la fraternité que cette commission a réparti si confusément, et avec une sorte d'équité si déplaisante, le bon et le mauvais ? Sans doute, dans les dernières expositions, quelques toiles douteuses, parfois même un mauvais ouvrage, favorisé par le bon plaisir, ou soutenu par ces influences dont on a, hélas ! trop abusé, se glissait dans le grand salon carré. C'étaient là de rares exceptions, et en général tous les morceaux qui occupaient les places d'honneur méritaient cette distinction. Comment se fait-il qu'aujourd'hui d'informes *pochades* aient trouvé place dans cette enceinte privilégiée et s'y étalent avec une sorte d'impudence ? En revanche, d'excellents ou de consciencieux ouvrages, comme la *Mort de Lara*, de M. Eugène Delacroix, l'*Anacréon*, de M. Gérôme, *les Sirènes*, de M. Lehmann, la *Vallée de Chevreuse*, de M. Palizzi, *le Rayon de soleil*, de M. Nanteuil, en ont été exclus. Nous aimons à croire que la précipitation seule a causé ces erreurs. Il est difficile, en effet, de classer convenablement plus de cinq mille

Henri Blaze de Bury

ouvrages en moins de quinze jours. Comment en outre conserver son sang-froid, sa sûreté de jugement, et ne pas se laisser aller à de déplorables concessions devant cette formidable invasion du médiocre ? Dans toute l'étendue de la galerie, le bon et le mauvais sont donc assez équitablement répartis. Il est seulement un coin favorisé où les artistes jurés, obéissant à un légitime mouvement d'impatience et de dignité blessée, se sont plu à réunir certains chefs-d'œuvre. Le premier jour de l'exposition, arrivé là, le public ébahi s'est arrêté tout court. Les quolibets, les rires injurieux, les huées même, se sont succédé. Le ridicule avait fait émeute. Nous ne savons pas si les victimes de cette exécution solennelle avaient jamais réclamé contre d'injustes exclusions, mais nous sommes certain que chacun de ces malheureux, si cruellement frappés dans leur existence et leur vanité d'artiste, a dû verser des larmes de sang et regretter les muettes exécutions de l'ancien jury.

Quoi qu'il en soit, l'épreuve a été décisive. Le public et les artistes, intéressés chacun d'une manière différente, réclament désormais un jury choisi par élection et un règlement qui tiendra compte des droits acquis et ne laissera place ni aux injustices ni aux surprises. Il ne faut pas croire, en effet, que, par cela seul qu'un corps est nommé à l'élection, il soit parfaitement éclairé, parfaitement équitable, et qu'il ne laisse aucune prise aux influences fâcheuses et aux petites passions.

Les arts n'ont peut-être jamais pris en France un développement plus considérable que dans ces dernières années. On a immensément produit ; mais les œuvres sont plus variées que choisies. On reconnaît tout d'abord, en parcourant la vaste galerie du Musée, recouverte de tableaux modernes dans toute son étendue, cette facilité de conception et de reproduction qui caractérise le génie français. Dans toute cette peinture, il y a plus d'éclat que de solidité, plus d'aisance que de correction. Comme chez nos improvisateurs quotidiens, écrivains politiques ou littéraires, c'est rapide, c'est clair, c'est amusant, mais peu profond. Uni à la littérature par des harmonies communes, l'art est comme elle l'expression de la société. Chaque école, chaque secte, chaque petite église littéraire a son analogue chez les peintres. Nous avons les érudits, les naïfs, les penseurs, les analystes, les rêveurs, les philosophes et les néo-chrétiens. L'un recherche la chronique, l'autre l'anecdote dramatique, quelques-uns l'histoire. Tous font grand cas de la couleur locale et du détail technique et pittoresque.

L'école historique, en retraite depuis bien des années, semble aujourd'hui s'être retirée de la lice et avoir laissé le champ libre à la peinture anecdotique. Nos peintres de l'ordre le plus relevé, MM. Ingres, Delaroche, Eugène Delacroix, ne sont pas des peintres d'histoire selon l'acception que l'on donnait à ce mot de 1800 à 1820. M. Ingres, rigoureux pour tout ce qui tient à la forme, est, quant au choix de ses sujets, un des artistes les plus capricieux que nous connaissions. Cette année, il a persisté dans son isolement et n'a pas paru au Salon. M. Delaroche, qui s'est abstenu également, est avant tout poète ou chroniqueur dramatique. Sa grande composition de l'hémicycle des Beaux-Arts tient plutôt de la poésie épique que de l'histoire. L'art subit, du reste, aujourd'hui l'influence du drame et de la chronique, comme il a subi, sous l'empire, celle de la tragédie. Les œuvres de cette école mixte sont nombreuses à l'exposition de cette année. Quelques-unes sont intéressantes ; la plupart sont exécutées avec plus de verve que d'élévation : elles rappellent trop souvent le théâtre du boulevard et le roman-feuilleton. Les sujets de religion sont également nombreux ; mais, quel que soit le talent qui s'y révèle, comme les peintres n'ont pas la foi, leurs compositions ne s'élèvent guère au-dessus du médiocre. L'érudition et une exécution convenable ne suppléent pas à l'absence du sentiment religieux. La peinture de genre est cultivée avec plus de succès, et dans cette catégorie nous comprenons cette multitude de toiles de nature si variée, dont quelques-unes rappellent l'art flamand, le plus grand nombre l'art français du temps des Boucher et des Watteau, et dont se détache un groupe original fort restreint, mais que son originalité place au premier rang. Ces derniers voient avec leurs yeux et ont grand souci de la vérité et de la nature, qu'ils étudient et reproduisent à leur manière, tandis que les imitateurs des écoles antérieures, ou flamandes ou françaises, ne voient la nature, les premiers, que sous certains aspects déjà connus, quelque faux air de naïveté et de nouveauté qu'ils prétendent leur donner ; les autres, qu'à travers cette enveloppe chatoyante dont les peintres spirituels et coquets du dernier siècle l'avaient revêtue. C'est un genre brillant, mais faux, qui aura la durée d'une mode. Ceux qui les premiers ont ouvert la voie commencent à la déserter.

Henri Blaze de Bury

Dans les arts, si l'on n'est pas soi-même, on n'est rien. Nous croyons que l'oubli de cette vérité est l'unique cause de ce débordement de la médiocrité dont nous sommes les témoins. Une dizaine d'hommes peut-être ont la ferme volonté d'être originaux ; tout le reste de l'école se précipite à leur suite. Bien plus, parmi ces chefs de ligne, combien en est-il qui ne sont originaux qu'au second degré, et dont la manière n'a pour nous le mérite de la nouveauté que parce que tel grand artiste, dont elle n'est qu'un écho affaibli, a vécu dans le passé !

L'imitation est le principe fondamental des arts plastiques. On comprend donc que les artistes soient exposés à d'involontaires faiblesses et se laissent trop souvent aller à reproduire un motif connu au lieu d'un type original. Les organisations supérieures peuvent seules échapper à ces fatales influences ; elles savent rester elles-mêmes malgré tout. La foule n'a pas tant de scrupules ; elle imite les morts, les vivants, le bon, le mauvais, les qualités, les défauts ; elle imite tout, elle s'imite elle-même. Cette tendance à l'imitation a les conséquences les plus déplorables : elle détruit toute spontanéité, tout naturel, et nous avons peine à comprendre qu'à une époque où le mot de liberté est répété jusque sur les murailles des édifices, des hommes intelligents et qui certes, dans les affaires de la vie, savent faire preuve d'indépendance, se condamnent, du moment qu'ils prennent le pinceau, à une pareille servilité.

Qu'une école nombreuse se presse à la suite de M. Ingres, ce fait peut aisément s'expliquer. La discipline est comme attachée à sa manière abstraite et précise ; l'école de la forme et de la ligne laisse peu de latitude au caprice, et l'artiste peut s'astreindre à certaines obligations rigoureuses sans sacrifier absolument l'originalité. Mais que, dès le lendemain de leur apparition, la foule des imitateurs se précipite aveuglément dans la voie ouverte par MM. Couture et Diaz, ces peintres du naturel et de la fantaisie, et s'efforce de reproduire mécaniquement les vivantes compositions de l'un, les éblouissants caprices de l'autre, la critique ne peut trop s'élever contre un pareil abus de l'imitation. Le premier mérite de ces deux artistes, c'est la personnalité, et c'est là ce qui ne peut, ce qui ne doit pas s'imiter. Imiter la personnalité d'autrui, c'est renoncer à la sienne, c'est abdiquer sa dignité d'homme, c'est se ravaler au rôle de singe ou de grimacier.

LA PEINTURE

Cette tendance à prendre modèle sur l'homme qui réussit, en amoindrissant les caractères et les talents, a pour effet d'établir entre les artistes de mêmes catégories, et, même entre ces diverses catégories, cette sorte de nivellement uniforme, abolition complète du génie et de l'art. L'égalité, ce principe des démocraties, est antipathique à la république des arts, qui de sa nature est essentiellement aristocratique, L'égalité dans les arts, c'est l'uniformité, c'est l'ennui, c'est la souveraineté de la médiocrité. C'est elle qui, cette année encore, a fait invasion dans les salons du Musée, et qui couvre de ces imitations maladroites, de ces compositions sans verve et sans originalité, la meilleure partie des merveilles du Louvre. Ce n'est qu'à de longs intervalles qu'on se trouve arrêté par une œuvre originale, par l'appel d'un chef de ligne. Où sont ces novateurs audacieux, ces natures fortes et privilégiées qui se pressaient dans d'autres temps aux abords du vieux Louvre ? A l'exception de MM. Eugène Delacroix et Diaz, la plupart ont fait défaut. MM. Ingres, Delaroche, Couture, Decamps, Jules Dupré et d'autres encore n'ont pas répondu à l'appel de la liberté et se sont aristocratiquement tenus à l'écart. Aucune force inconnue ne s'est révélée, aucun homme nouveau n'apparaît, rien qui se dresse hardiment au-dessus du niveau commun.

E com' albero in nave si levo.[1]

Les artistes *chercheurs* et les talents entreprenants sont cependant nombreux au Musée, mais aucun d'eux n'a fait de ces rencontres éclatantes qui classent un homme et font vivre son nom. MM. Diaz, Millet, Haffner, Chasseriau, Picou, Muller et Gérôme sont ceux dont les tentatives approchent le plus du succès. M. Diaz de la Péna est toujours l'admirable faiseur d'esquisses que nous connaissons. Il atteint à la réalité par l'à-peu-près et par les plus singulières combinaisons de clair-obscur. On dirait qu'au lieu d'un pinceau il promène sur sa toile un rayon de soleil, qui en fait saillir des formes vivantes et comme mobiles, et qui donne à son coloris une sorte de chatoiement surnaturel.

Cette fois cependant, mais particulièrement dans ses compositions principales, le *Départ de Diane pour la chasse* et *Vénus et Adonis*, il a abaissé de quelques tons sa gamme éblouissante, et il semble avoir voulu dessiner avec autre chose qu'avec l'ombre et la lumière.

1 Dante, *Inferno*, c. XXXL.

Henri Blaze de Bury

Il a même visé au style dans son tableau du *Départ de Diane* ; mais le style lui tient rigueur, comme à la plupart des coloristes de fantaisie, à commencer par Rubens et Titien. Sa Diane et ses nymphes sont de simples mortelles, aux allures assez équivoques, et la forme, accusée par larges méplats lumineux, a quelque chose de singulièrement hasardé. C'est le grand *parti pris* de Corrège, modifié par Prudhon, appliqué à des compositions fort restreintes, abstraction faite de la grâce et sans grand souci de la correction. M. Diaz est un grand peintre qui a besoin de se compléter, non par une vaine recherche de la ligne incompatible avec sa nature aventureuse, mais par une ferme résolution de modérer ses qualités et de supprimer ses défauts.

Cette année, les imitateurs de M. Diaz se sont singulièrement multipliés ; il est autrement facile à la médiocrité de copier suffisamment l'*à-peu-près* que de reproduire, même imparfaitement, une œuvre achevée. M. Millet (Jean-François) est celui des imitateurs de M. Diaz qui serre le maître de plus près. Il prodigue comme lui l'empâtement dans les ombres comme dans les clairs, mais sans le même art, et trop souvent il arrive à donner à sa peinture un aspect rebutant. Sa *Captivité des Juifs à Babylone* a l'air d'une ébauche de M. Diaz, mais d'une ébauche d'une criante incorrection et d'une recherche d'expression qui touche à la caricature. *Le Vanneur*, placé dans le grand salon, est plus original. L'indécision de la forme, le ton terreux et pulvérulent du coloris, conviennent à merveille au sujet. On peut se croire dans l'aire de la grange, quand le vanneur secoue le grain, fait voler les paillettes, et que l'atmosphère se remplit d'une poussière fine et grise à travers laquelle on entrevoit confusément les objets.

M. Haffner est un artiste vigoureux, mais d'un ordre moins relevé. Son plus grand mérite est de rester original malgré MM. Delacroix et Decamps. M. Penguilly-l'Haridon applique à la peinture de genre le coloris puissant de Marilhat et la verve railleuse et naïve de Wilkie et de M. Biard. Le combat de don Quichotte contre des moulins à vent, mais surtout son retour après le combat, sont deux morceaux excellents, dignes d'un vrai peintre et dignes de Cervantes.

Je connais peu d'artistes aussi heureusement doués que M. Chasseriau. Il a le sentiment du plus grand style ; il conçoit avec puissance et largeur ; il exécute avec verve et facilité ; au besoin même il est coloriste. S'il pèche, c'est par l'abus de ces qualités, abus parfois excessif ; c'est par une confiance absolue dans sa facilité, par un mépris trop magistral de la correction et du fini, par cette sorte de parti pris résolu, tant sur la ligne que sur le coloris, qui conduit tout droit à la manière. Son tableau du *Jour du sabbat dans le quartier juif de Constantine* offre la réunion la plus complète de ses qualités et de ses défauts ; mais peut-être cette fois les défauts se balancent-ils trop également avec les qualités ? Peut-être les dimensions colossales données à cette scène familière rendent-elles ces défauts trop saillants ? M. Chasseriau n'a, du reste, couvert cette immense toile et peint le portrait exposé sous le n° 841 que par forme de distraction. L'œuvre à laquelle il consacre tous ses instants et ses plus sérieuses facultés a une tout autre importance ; nous voulons parler de la décoration du grand escalier de la cour des comptes. C'est là qu'il doit réussir, car de semblables occasions sont rares, et l'avenir d'un peintre dépend du succès.

Nous appliquerons au tableau des *Fêtes d'octobre à Rome* de M. Muller (Charles-Frédéric) les mêmes observations que nous venons de faire à l'occasion de la *Fête juive* de M. Chasseriau. L'abus des plus heureuses qualités est poussé jusqu'à l'excès dans cette vaste composition. C'est l'œuvre d'un coloriste vigoureux, d'un dessinateur facile ; mais pourquoi donner à une scène de ce genre des dimensions colossales ? Ces sujets peu relevés comportent tout au plus des toiles de moyenne dimension. Traités avec cette insouciance étudiée et cette facilité cavalière, ils rappellent tout d'abord la décoration et les rideaux de théâtre. Du reste, la scène est bien vivante et le style tout-à-fait italien. On peut se croire à la villa Borghèse, ce pays de Cocagne des amants, des *éminentes* et des buveurs d'Orvietto, quand *ottobre e retornata* :

Con suoni, e canti, e di huon vino un fonte.

M. Gérôme, qui avait si heureusement débuté l'an dernier et qui s'annonçait comme un continuateur de M. Ingres, dont il rappelait la manière précise et savante, mais avec une certaine fleur de jeunesse et de naïveté, M. Gérôme semble avoir eu à cœur cette fois d'exagérer les qualités et, par malheur, les défauts de son illustre maître ; sa composition principale, qui représente *Anacréon, Bacchus et l'Amour*, renferme de charmants détails et dénote de fortes et consciencieuses études. Le souffle de l'antique anime chacune des parties de cette œuvre, qui semble un fragment d'idylle dérobé à la muse d'André Chénier :

Viens, ô divin Bacchus ! ô jeune Thyonée !
Viens, tel que tu parus aux déserts de Naxos
Quand ta voix rassurait la fille de Minos.
…

Le tigre aux larges flancs de taches sillonné,
Et le lynx étoilé, la panthère sauvage,
Promenaient avec toi ta cour sur ce rivage.
L'or reluisait partout aux axes de tes chars.
Les Ménades couraient en longs cheveux épars,
Et chantaient Évoë, Bacchus et Thyonée !

On retrouve dans la composition de M. Gérôme quelque chose du mouvement et de la couleur de ce tableau si vivant. Il est fâcheux que la sécheresse systématique de l'exécution, l'aplatissement de la forme, l'amortissement constant et exagéré de la couleur, qu'enfin le parti trop arrêté d'être peintre en faisant abstraction du relief et du coloris, enlèvent à cette œuvre si recommandable presque tout son charme. Chaque figure se détache en silhouette bise ou brune sur un ciel lumineux jusqu'à la crudité, de sorte qu'au premier aspect le tableau de M. Gérôme ressemble à une immense découpure. La précision outrée des détails de certains accessoires ne contribue pas peu à donner à cette composition un aspect de sécheresse qui n'est rien moins qu'attrayant. Les vases grecs, par exemple, qui sont placés auprès de la jeune musicienne offrent un calque de vases antiques de la précision la plus discordante. La vérité, en peinture, ne consiste pas seulement à reproduire rigoureusement chaque accessoire, mais à les représenter dans leurs rapports exacts avec les objets qui les environnent et le sujet principal, en un mot, à les subordonner à l'ensemble de la composition ; c'est là une des premières conditions de l'art ; y manquer, c'est vouloir le ramener à son enfance ; autant vaudrait supprimer la perspective linéaire. Nous savons parfaitement que, si M. Gérôme oublie cette condition, c'est de propos délibéré, et qu'il pèche volontairement ; mais, quand on est doué d'un mérite supérieur, qu'on possède de si heureuses qualités, et que, pour réussir, on n'a qu'à vouloir rester naturel, toute cette puérile affectation d'archaïsme, toutes ces imperfections calculées ne sont que plus condamnables.

La *Sainte Famille* du même auteur doit-elle être considérée comme une œuvre sérieuse ou comme une sorte de fantaisie dans le goût des maîtres flamands du XVIe siècle ou des maîtres allemands contemporains ? M. Gérôme s'est évidemment inspiré de la *Belle Jardinière* de Raphaël en composant sa *Sainte Famille* ; mais, comme l'inspiration naïve et personnelle et le grand style du peintre d'Urbin lui ont manqué, il est arrivé à une sorte de style complexe et quelque peu maniéré qui rappelle, aux trivialités près, les imitations allemandes des chefs-d'œuvre de l'art italien. Quelques parties de sa composition, mais particulièrement la tête de la Vierge et les mains, sont traitées avec une liberté et, nous dirons plus, avec un sans-gêne qui n'est pas ordinaire à M. Gérôme, et qui laisserait croire que l'artiste s'est lassé promptement de cette œuvre sans originalité ; les yeux ne sont ni dessinés ni peints, ils ne sont que sommairement indiqués comme dans certaines miniatures chinoises. Le portrait en pied d'un élève de l'école polytechnique que M. Gérôme a exposé sous le n° 1934 est traité avec plus de rigueur ; mais quel complet sacrifice de la part du peintre des plus séduisantes conditions de son art ! comment peut-on de gaieté de cœur renoncer ainsi à la lumière, au relief, à la vie ?

M. Alphonse Isambert est un élève ou un imitateur de M. Gérôme. Les deux tableaux qu'il a exposés, les *Joueurs d'osselets* et les *Pipeaux*, semblent avoir été composés dans l'atelier du peintre d'*Anacréon* ; malheureusement, comme dans toute imitation trop fervente, M. Isambert exagère encore le style de M. Gérôme, comme M. Gérôme avait exagéré celui de M. Ingres. Dans les *Joueurs d'osselets*, la naïveté des poses tourne à la gaucherie affectée, et le coloris passe du bis brun au gris terreux. Tous ces personnages n'ont jamais eu une goutte de sang dans les veines, et rien n'indique qu'il y ait des os et des muscles sous cette peau. Ce n'est plus de la véritable peinture, c'est une copie du vase étrusque, une sorte d'application de la silhouette à la peinture historique ou mythologique, et cependant le fonds est heureux, il demanderait seulement une autre culture.

La *Navigation sur le Cydnus d'Antoine et de Cléopâtre*, par M. Picou, est encore un de ces ouvrages où l'érudition fait grand tort à l'intérêt. Le sujet, il est vrai, était tout-à-fait dans le genre descriptif

Henri Blaze de Bury

et anecdotique. Seulement l'anecdote concerne l'un de ceux qui, les premiers, aspirèrent à devenir maîtres du monde, et prend des dimensions toutes romaines. M. Picou a dû se renfermer dans les limites tracées d'avance, le pont d'une galère. Ses personnages, parallèlement placés, sont donc de dimension moyenne et gardent une immobilité forcée. La plupart s'occupent fort peu des deux principaux personnages amoureusement couchés à l'arrière du navire, et regardent fixement le spectateur, ce qui donne une grande froideur à la composition. Antoine et Cléopâtre, placés à l'une des extrémités du tableau, seraient confondus avec les autres personnages, si les membres nus de la reine d'Orient n'attiraient forcément les regards. Il est fâcheux que ce groupe, sur lequel tout l'intérêt devrait se concentrer, soit relégué sur un plan tout-à-fait secondaire. Il aurait fallu que la beauté des formes, la suavité du modelé, la splendeur des carnations, rachetassent tout ce qu'a d'étrange cette nudité absolue. Comment, à moins d'être une seconde Vénus, la voluptueuse reine consentirait-elle à se montrer nue aux yeux de ces courtisans qui l'adorent, de ces esclaves qui l'encensent ? La Cléopâtre de M. Picou est un assez pauvre modèle ; il n'est donc pas surprenant que son amant paraisse si distrait. De brillantes qualités de détail rachètent ce défaut capital de la composition de M. Picou. Le peintre a tiré le plus heureux parti des contrastes que présentaient les différentes races qui faisaient cortège à ces conquérants du monde. Les accessoires sont choisis et disposés avec goût : l'encens fume sur le pont du navire ; de brillants éventails rafraîchissent l'air ; les fleurs, les fruits, les coupes d'or, passent de mains en mains ; tout respire la mollesse, la volupté, la poésie des sens. L'érudition suffisante dont M. Picou fait preuve ne tourne pas au pédantisme et ne lui fait sacrifier ni la grâce ni l'harmonie. Au total, ce tableau est un ouvrage remarquable et qui classe dignement M. Picou parmi tous ces talents intermédiaires qui se pressent en foule à l'exposition de cette année. Un peu plus d'étude, un peu plus de vigueur, un parti pris de couleur et d'effet plus résolu, et M. Picou arrivera à se placer hors ligne.

M. Duveau est un peintre de l'école de Géricault. Il cherche le mouvement et l'énergie et semble l'antipode de M. Picou. Le tableau où il a représenté *une Famille d'émigrants bretons arrêtés par des républicains* offre certainement une réminiscence éloignée du tableau de *la Méduse*. La scène se passe entre deux vagues de l'océan soulevé. Les fugitifs ont bravé la tempête, ils sont déjà loin du rivage et vont atteindre le navire qui les attend, quand un canot, dirigé par des hommes rudes et sans pitié, leur barre subitement le passage. Plus d'espoir ! Les femmes se tordent les bras, les vieillards se résignent avec stupeur. Un jeune homme s'est élancé à l'avant de la barque, un poignard à la main, décidé à frapper ses adversaires, à périr ou à passer. Il combat corps à corps avec un des républicains. Cette lutte du désespoir au milieu d'une mer en fureur est énergiquement exprimée. On regrette seulement que le jeune émigrant soit entièrement vu de dos. L'exécution ne manque pas de vigueur ; le coloris a de la force et de l'harmonie, mais peut-être les teintes grises sont-elles par trop dominantes ; d'assez nombreuses incorrections trahissent, du reste, l'inexpérience de l'artiste, qui s'amendera, j'en suis certain.

M. Charles-Louis Muller a, lui, beaucoup trop de pratique. Il connaît toutes les ressources de la palette, toutes les séductions du clair-obscur. On peut lui reprocher de pousser l'effet jusqu'au contraste et l'éclat du coloris jusqu'au chatoiement. Toujours est-il qu'avant tout, sa peinture réjouit l'œil. L'esprit est moins satisfait de sa manière de comprendre un sujet. M. Muller aime la peinture pour elle-même, comme certains poètes n'aiment la poésie que pour le rythme, s'inquiétant peu du choix du sujet et de la manière de le traiter, pourvu qu'ils trouvent dans ce sujet un prétexte à l'harmonie. Il ne diffère de ces poètes que par l'instrument : ils chantent, lui peint. Sa *Folie de Haïdée* est donc peu compréhensible. La tête de la jeune femme est pleine d'égarement et de désespoir ; mais que lui veut ce vieillard ? Que signifient ces groupes du second plan ? Ne prenons cette composition que pour ce qu'elle est : pour un morceau de peinture d'une solidité et d'un éclat peu communs.

Le *Charles-Quint* de M. Ziegler est digne, par la vigueur de l'exécution, des brillants débuts de cet artiste. Ce prince, en costume monacal, tout en préparant ses funérailles, considère un médaillon où il est représenté en costume impérial. Il y avait dans le choix du sujet une intention philosophique que l'artiste n'a que très imparfaitement exprimée ; cela tient à la dimension beaucoup trop restreinte de sa toile et au peu d'importance donnée à la face du personnage. Il ne faut voir dans cette composition qu'une étude

Henri Blaze de Bury

sévère dans le goût de Zurbaran.

M. Eugène Delacroix a été dans son temps un des plus intrépides chercheurs ; lui du moins a trouvé, mais ne s'en tient-il pas trop souvent à ses premières rencontres ? Quoi qu'il en soit, c'est l'artiste courageux par excellence. Aucune critique, aucun échec, aucune injustice, ne le rebutent, et sa persévérance est d'autant plus méritoire qu'elle est raisonnée. La *Mort de Lara* est une de ces esquisses vigoureuses et senties comme cet artiste sait les faire. L'expression n'est peut-être qu'indiquée, mais l'indication est d'une telle justesse que l'imagination du spectateur complète sur-le-champ ce qui peut être sous-entendu, et fait en quelque sorte vivre chacun des personnages. L'œuvre la plus complète et la plus travaillée atteindrait difficilement à une réalité si pathétique. L'attitude passionnée et presque maternelle du page mystérieux dont le sexe, à ce moment suprême, est subitement révélé ; l'inexprimable désolation qui se peint sur son visage, ce regard ardent et désespéré qu'il attache sur la face de son maître expirant, tout cela ne peut être trouvé si heureusement et reproduit à si peu de frais que par un homme de génie. Cette attitude et ce regard de l'amante se gravent tout aussitôt dans la mémoire ; on ne peut plus les oublier. Les *Comédiens et Bouffons arabes* du même peintre sont une œuvre plus considérable, mais moins intéressante ; c'est de la peinture descriptive, et M. Eugène Delacroix exprime mieux qu'il ne décrit. On ne se rend pas bien compte de l'action, et il y a de la confusion dans ces groupes. Le fond du paysage nous paraît d'un vert beaucoup trop uniforme et vient en avant. C'est une débauche de coloriste comme Rubens s'est plu à en faire. La *Mort de Valentin* est plus librement traitée. Ce sont toujours d'admirables indications de mouvement, de forme et d'expression ; mais cette fois ce ne sont que des indications. Le *Lion dans son antre*, le *Lion éventrant une chèvre*, peuvent être considérés comme d'énergiques et merveilleux délassements de l'imagination la plus intelligente et la plus féconde, et du plus vaillant pinceau que nous connaissions.

Dans son tableau du *Christ au tombeau*, M. Eugène Delacroix a tenté de se compléter, et cela sans rien sacrifier de son originalité. C'est, du reste, déjà fort méritoire que de garder son originalité et, qui plus est, de savoir être nouveau en traitant un sujet si rebattu.

L'expression est puissante et pathétique, et la couleur d'une vigueur et d'une richesse singulière. L'attitude des saintes femmes et de saint Jean qui, agenouillé sur le premier plan du tableau, pleure en tenant la couronne d'épines, est digne des meilleurs maîtres italiens ; c'est de la réalité, mais de la réalité noble, abstraite, idéalisée, la réalité telle que les grands peintres l'ont comprise et exprimée. Le corps du Christ est d'une grande faiblesse de dessin ; les formes sont pauvres, communes et imparfaitement indiquées. Que manque-t-il à M. Eugène Delacroix pour se placer au premier rang des artistes du siècle ? Un contour plus écrit et plus de respect pour la forme.

De M. Eugène Delacroix à M. Auguste Couder, il y a toute l'épaisseur de deux ou trois systèmes. Ce dernier est aussi naturaliste que l'autre est spiritualiste, aussi net, aussi soigné que l'autre est inculte et sauvage. Le premier abuse des ressources du clair-obscur, le second les ignore ; M. Delacroix sent et exprime, M. Couder raconte. La *Mort de Lara*, le *Christ au tombeau*, sont autant de poèmes bizarres, mais saisissants ; le *Serment du jeu de paume* est un article de journal bien fait. Ce dernier tableau, exécuté pour le musée de Versailles, est presque un ouvrage de circonstance. Je me trompe ; nous sommes loin de ces protestations solennelles, et les choses se passent aujourd'hui plus brusquement et sans tant de préliminaires. Ce n'est plus le *tiers*, c'est le peuple qui proteste entre deux pavés un fusil à la main, et le lendemain rois, chambres, monarchie, tout est en poussière ! Trois heures suffisent pour détruire l'ouvrage de dix-huit années ! Dans le tableau de M. Auguste Couder, la bourgeoisie seule est à l'œuvre ; mais était-ce une raison pour donner à cette magnifique insurrection morale un aspect de réalité si vulgaire ? Toutes ces mains levées, tous ces bras tendus produisent aussi l'effet le plus étrange. Il y avait là, nous le savons, une immense difficulté à résoudre, et nous ne pouvons dire que M. Couder ait tout-à-fait réussi. L'immobilité forcée de la peinture exprime difficilement le mouvement, et cette scène est toute d'élan. Nous aurions voulu un jet moins contraint, plus de désordre, plus de confusion, dût-on jeter dans l'ombre et sacrifier à un de ces grands partis-pris de clair-obscur à la Rubens quelques-uns de ces personnages si bien bâtis et si coquettement poudrés. Si l'effet d'ensemble laisse à désirer, si les carnations offrent des nuances trop violacées, si le groupe des députés signant la protestation manque de noblesse et de distinction, et, cela parce que M. Couder a voulu peut-être accuser trop vivement les intentions des signataires, si la figure de Martin d'Auch exprime plutôt une anxiété vulgaire que la grande et poignante indécision d'un cœur vraiment patriote, d'autres parties de cette vaste composition sont traitées avec adresse et témoignent des efforts soutenus d'un artiste consciencieux.

Devons-nous classer parmi les peintres d'histoire MM. Debon, Gallait, Decaisne et Alexandre Hesse ? Leur manière n'a pas l'abstraite sévérité qui convient au genre historique. L'action n'est ni suffisamment écrite ni suffisamment concentrée, et le soin minutieux qu'ils apportent à l'exécution de chaque détail du costume, à chaque pièce de l'armure, les range plutôt au nombre des chroniqueurs. Si dans sa *Défaite d'Attila*, tableau de très vaste dimension, M. Debon a voulu peindre seulement une scène de désordre, il a bien réussi. Vainqueurs et vaincus sont confusément groupés sur la toile, et nous avouons que, même avec l'explication du livret, il nous a été impossible de rien démêler dans cette action, l'attention distraite ne trouvant à s'arrêter sur aucun des personnages. Cette bataille fut effroyable, dit M. Debon. Comment se fait-il que la représentation nous laisse si calmes ? Les toiles de moyenne dimension où M. Decamps a représenté la lutte d'une armée romaine contre un peuple entier au moyen de personnages d'un pouce de haut, ont une signification bien autrement précise, un accent bien autrement énergique. Voilà de ces morceaux vraiment historiques et qui se gravent tout d'abord dans la mémoire comme certains récits de MM. Augustin Thierry et Mérimée.

Le *Baudouin, comte de Flandre, couronné empereur de Constantinople*, de M. Louis Gallait, ne rappelle en rien le talent dont cet artiste avait fait preuve à ses débuts. Le contour a quelque chose de flasque et d'indécis, le coloris est faux, l'exécution lourde. Cette grande toile d'un ton jaunâtre dans les lumières, bistré dans les ombres, n'accuse ni effort, ni volonté, ni érudition. Et pourtant, quel heureux contraste s'offrait au peintre dans l'expression de cette joie bruyante des Français et de cette tremblante adulation des Grecs dont parle Gibbon ! et quelles indications précises et frappantes l'artiste eût pu extraire des relations de Villehardouin et du Grec Nicétas, tous deux témoins oculaires de cette grande révolution politique et sociale ! Quant aux accessoires et aux costumes, que de richesses sont renfermées dans les manuscrits byzantins dont M. Gallait eût pu tirer parti ! N'eût-il consulté que cette Bible de saint Grégoire de Nazianze, apportée en France par Catherine de Médicis, et qui figure à la Bibliothèque nationale sous le n° 510, il eût trouvé là des renseignements inappréciables sur l'ornementation, les costumes, l'architecture, enfin sur l'ensemble du moyen-âge grec dans toutes ses pompeuses imperfections, et son œuvre eût acquis certainement une tout autre signification, car c'est à ces sujets du genre admiratif que l'érudition et la couleur locale conviennent avant tout.

Le *Boniface de Montferrat élu chef de la quatrième croisade*, de M. Decaisne, pèche sans doute aussi par le manque de précision historique. Il y a néanmoins dans ce tableau des qualités qu'on ne rencontre pas chez M. Gallait, quelque chose de réel, d'humain, qui est de toutes les époques. M. Decaisne s'adresse au cœur, et il a raison. *La Jeune Malade* et *le Départ* sont de charmantes élégies dont le rythme manque peut-être un peu d'élévation, mais qui émeuvent.

La Prise de Bairuth par Amaury, de M. Alexandre Hesse, est destinée, comme les tableaux de MM. Gallait et Decaisne, à la décoration de la salle des croisades du musée de Versailles. Il y a plus de science et plus de vigueur dans ce dernier ouvrage ; mais cette science tourne au pédantisme, et cette vigueur à la dureté. Il semble qu'avec le temps le talent de M. Alexandre Hesse, si large et si varié dans son *Enterrement du Titien*, si souple et si gracieux dans son *Léonard de Vinci*, s'appauvrisse et se pétrifie. L'éclat exagéré des lumières, le manque de transparence des ombres qui poussent an noir, et par-dessus tout une netteté dans les contours qui va jusqu'à la dureté, toutes ces imperfections donnent à ses derniers ouvrages un aspect qui n'est rien moins que séduisant. L'œil comme l'oreille est affecté par les dissonances.

L'école que l'on pourrait appeler tempérée, et qui participe à la fois de l'histoire et du genre, a, cette année, de nombreux représentants au Salon. MM. Mottez, Lehmann, Landelle, Henri de Laborde, Galimard, Jules Richomme, Romain Cazes et Lazerges sont les plus distingués de ces peintres que le public traite avec une faveur méritée.

MM. Mottez et Lehmann ont représenté les sirènes essayant de toutes leurs séductions pour arrêter Ulysse. Les *Sirènes* de M. Mottez ont beaucoup trop de retenue, et leur attitude annonce beaucoup trop d'honnêteté naturelle, pour qu'elles puissent faire courir de grands dangers au rusé roi d'Itaque. Les belles filles de M. Lehmann sont beaucoup moins réservées ; leurs gracieux visages, la vivacité de leurs regards, leurs gestes provoquants, l'espèce de coquetterie avec laquelle elles se parent de leur nudité et développent leurs formes sveltes et opulentes, en ayant grand soin, toutefois, de cacher dans les flots leurs extrémités écailleuses, toutes ces séductions des plus raffinées mèneraient à mal la vertu la plus robuste, et nous comprenons que le bon Ulysse ait grand soin de se faire attacher par de *doubles nœuds* au mât de son vaisseau. M. Lehmann, vif et païen autant qu'on peut l'être dans son tableau des *Sirènes*, a fait acte de contrition dans cette composition religieuse où il s'est attaché à exprimer les ineffables douleurs qui se groupèrent au pied de la croix. La disposition de ce tableau est savante, mais peut-être un peu symétrique, et l'effet d'ensemble rappelle à la fois M. Scheffer et M. Delacroix : M. Scheffer quant à l'expression mélancolique des têtes, M. Delacroix par certaine gamme de couleur puissante et fine qu'on ne rencontre pas dans tous les ouvrages de M. Lehmann. La magnifique tête de *Léonide* est traitée avec la même vigueur ; c'est un des meilleurs morceaux du Salon. La *Zuleika* de M. Rodolphe Lehmann a un grand air de famille avec la *Léonide* de son frère ; elle est peut-être plus souple et plus vivante.

La *Sainte Cécile* de M. Landelle a quelques rapports avec le *Pied de la Croix* de M. Lehmann. C'est une figure d'une grande et simple expression, qui n'a que le défaut de rappeler trop directement, dans certains airs de tête, certains regards levés au ciel, les *Saintes Femmes* que cet artiste, une des espérances de la jeune école française, a exposées il y a deux ans. M. Landelle a en outre, au Salon de cette année, plusieurs études d'un vrai mérite et un bon portrait. — La *Mort du Précurseur*, de M. Glaize, est un des meilleurs ouvrages que cet artiste ait produits ; peut-être cependant y a-t-il abus de vigueur dans les ombres, et l'aspect de ce tableau est-il par trop noir.

M. Henri de Laborde est un artiste de la famille de MM. Landelle et Glaize, c'est-à-dire essentiellement spiritualiste. Il y a peut-être un peu de recherche dans le choix de ses sujets et dans la façon d'exprimer sa pensée ; du moins, cette pensée existe dans chacun de ses ouvrages. Le *Jésus-Christ au jardin des Oliviers*, sujet certainement bien rebattu, est compris à un point de vue tout nouveau, et, si l'exécution répondait à l'idée, cette composition ferait le plus grand honneur à M. de Laborde. En voyant les crimes et les erreurs des hommes, le Christ accepte sa passion. Le mortel accablement de l'homme-dieu et sa résignation sublime ne sont peut-être pas exprimés avec assez d'énergie. J'assiste à l'agonie suprême d'un philosophe qui prend son parti devant la mort, mais je ne vois pas couler ces sueurs de sang du divin rédempteur de l'humanité. Il y a plus de délicatesse, plus d'accent et plus de science dans les cartons que M. Galimard a exposés, et dont les sujets doivent faire partie de la décoration du chœur de l'église Saint-Laurent ; mais on désirerait moins d'art et plus de sentiment religieux, plus de ces intimes convictions qu'une attitude, qu'un regard exprime, et qui se rencontrent trop rarement dans les compositions religieuses de l'époque. Exceptons toutefois de ce jugement la *Vierge en prière* et la *Vierge intercédant pour les pécheurs*, de MM. Romain Cazes et Lazerges ; ces deux jeunes artistes de grande espérance nous paraissent sincèrement convaincus. MM. Abel de Pujol, Émile Lafond et Jules Richomme ont peint différents traits de la vie des saints ; leurs ouvrages ont du mérite, le *Saint Martin*, de M. Richomme, se distingue même par d'excellentes qualités de dessinateur et de coloriste ; nous doutons cependant qu'ils luttent avec succès contre l'indifférence du public.

La peinture de genre ou de fantaisie est cultivée par la jeune école avec un rare succès ; les petites toiles traitées avec talent et originalité sont très nombreuses au Salon. *L'Ile de Cythère*, de M. Gendron, la *Fantaisie*, de M. Jean-Louis Hamon, *les Ondines*, de M. Curzon, mais par-dessus tout *le Rayon de soleil*, de M. Célestin Nanteuil, sont de petits poèmes délicats, distingués, qui dénotent de la part des deux premiers artistes de sérieuses études du modèle nu, de la part du dernier une admirable entente de la lumière ; sa toile scintille comme si le rayon la traversait. MM. Jadin, Naissant, Baron et Jeanron sont moins préoccupés de la forme que de l'effet et de la couleur. Chacun de ces artistes a exposé d'excellents morceaux qui vous dédommagent des longues investigations auxquelles on doit se livrer pour les découvrir dans ce grand pêle-mêle du Salon. MM. Adrien Guignet, Johannot, Fauvelet et Wattier n'ont de commun qu'une merveilleuse facilité et une entente consommée de l'effet et des ressources de la palette. M. Adrien Guignet a pris rang, cette année, parmi nos plus savants coloristes. Son *Chevalier cheminant à travers des rochers* et son *Don Quichotte fou* sont deux excellents petits tableaux. Il est fâcheux que de pareils morceaux soient relégués dans les salles de l'école française, où quelques curieux seuls peuvent les découvrir. M. Tony Johannot est tel cette année que nous l'avons toujours connu, c'est-à-dire facile et fécond. MM. Fauvelet et Wattier sont de charmants coloristes. Leur seul tort est de ne pas être eux-mêmes et de rappeler beaucoup trop directement les peintres coquets du dernier siècle : Chardin et Watteau.

M. Meissonnier, ce Flamand Français, ce Van-der-Heyden de la peinture de genre, a exposé cette année trois petits tableaux et trois portraits. La *Partie de boules*, le plus complet de ses trois tableaux, est peut-être par trop précieusement touchée. L'aspect de cette peinture, si amoureusement caressée, tient quelque peu de la peinture sur porcelaine, et la crudité des verts, la froideur des blancs et la vivacité de la lumière, également répandue sur toute la composition, ne modifient en aucune façon ce qu'a de fâcheux cette première impression. La touche du peintre est mieux accusée dans le tableau des *Trois Amis*, et le coloris a plus de franchise. Il y a bien un peu de maigreur dans l'exécution de quelques accessoires, mais enfin on reconnaît la *griffe* du maître, car M. Meissonnier est un maître.

Comme on devait s'y attendre, les portraits ont envahi, cette année, le Louvre en colonne serrée, et ce n'est pas la moins déplorable invasion. Ils apportent avec eux le ridicule et l'ennui ; c'est à mettre en fuite les plus intrépides. A de grands intervalles et comme par hasard, vous rencontrez dans cette foule une physionomie vivante, coquette, distinguée, fine ou réfléchie, vous reconnaissez que ce morceau est signé par MM. Édouard Dubuffe, Perignon, Belloc, Guignet, Cornu, Brune, Etex, Lehmann, Tyr, Amaury Duval ou Hippolyte Flandrin. Tels et tels personnages que ces artistes ont fait revivre vous arrêtent forcément, l'un par sa grande tournure, comme le général Pajol de M. Guiguet, l'autre par la pensée profonde qu'expriment l'œil ou l'attitude, comme le portrait d'homme de M. Amaury Duval ou la jeune fille de M. Hippolyte Flandrin.

Comme tout ce qui est sérieux et calme, la manière de M. Hippolyte Flandrin ne séduit pas au premier aspect et a besoin d'être étudiée ; mais que de force contenue que de qualités réelles et attachantes, que de charmes sympathiques dissimulés sous une trop savante enveloppe, quelques instants d'attention ne font-ils pas découvrir dans ses moindres ouvrages, dans cette simple tête de jeune femme, par exemple, qu'il a exposée sous le n° 1685 !

Si les portraits de choix sont en très petit nombre, en revanche les portraits estimables ne peuvent pas se compter. Le *Pie IX* de M. Goyet et le *Larochejacquelein* de M. Bazin peuvent être placés en tête de cette légion monotone ; ces deux personnages prennent, sous le pinceau de MM. Goyet et Bazin, des proportions bien vulgaires.

Les noms se pressent quand on veut parler des paysagistes de talent. Cette branche de l'art est cultivée aujourd'hui avec un rare succès par une nombreuse génération d'artistes qui peuvent être groupés en diverses tribus très distinctes. Les uns, comme MM. Paul Flandrin, Aligny, Benouville, Cabat, Desgoffe, Corot et Buttura, ne se servent de la nature que comme d'un motif à certaines variations poétiques d'un style ou sévère ou gracieux, mais toujours élevé. D'autres, comme MM. Gourlier, Armand Leleux, Hedouin, Frère et Chacaton, combinent heureusement le paysage et la figure, et retracent d'ordinaire des scènes familières au milieu de sites pittoresques éclairés par une vive et chaude lumière. La *Fenaison* de M. Armand Leleux est un chef-d'œuvre dans ce genre. Il n'est guère possible d'exprimer avec plus de vigueur et d'éclat le jeu de la lumière solaire ruisselant à travers le feuillage, à cette heure voisine du soir, et teignant de ses nuances dorées les carnations et les vêtements des personnages. Parmi les peintres de paysage, ce sont les *naturalistes* qui forment le groupe le plus nombreux. Ceux-ci s'attachent avant tout à reproduire la réalité. Ils aiment la nature toute nue et la traduisent plus littéralement que naïvement. M. Pierre Thuillier, dignement doublé par sa fille,

Henri Blaze de Bury

se place sans contestation au premier rang de la tribu. Sa *Vue prise à Elbiar, près d'Alger*, les *Rochers d'Espaly* et la *Vue prise dans les montagnes du Val* sont d'excellents paysages-portraits. Nous nous permettrons de faire une observation à M. Thuillier : ne prodigue-t-il pas, dans ses plans intermédiaires et même sur ses premiers plans, ces ombres bleues qui donnent sans doute plus d'éclat à la lumière et plus de profondeur au paysage, mais qui ont aussi l'inconvénient de faire ressembler la peinture à l'huile à la gouache telle que l'exécutent les Napolitains ?

M. Gaspard Lacroix, qui arrive à la reproduction exacte de la nature par un grand sentiment de la couleur et de la forme ; M. Flers, naïf et fin comme d'habitude ; M. Achard, dont les progrès sont sensibles d'année en année, MM. Hostein, Palizzi, Charles Leroux, Léon Fleury, Lanoue, Blanchard, Jules André et vingt autres artistes de talent qu'on ne peut tous nommer, complètent la cohorte des naturalistes. A leur suite marche un petit groupe d'artistes capricieux et fidèles qui s'inquiètent moins de la vérité que de l'effet, et qui s'attachent de préférence à reproduire les accidents variés de lumière et de couleur apportés par le changement des saisons aux différentes heures du jour. Les contrastes vivement accentués les séduisent ; ils jouent avec un rayon de soleil, avec l'ombre portée d'un nuage, et arrivent souvent à la poésie par l'effet. MM. Lapierre, Adrien Guignet, Paul Huet, Steinheil, Tournemine et Anastasi sont les plus charmants de ces *maniéristes* bucoliques. Le *Paysage* de M. Lapierre, la *Fuite en Égypte* de M. Adrien Guignet, le *Val d'enfer* de M. Paul Huet, le *Matin* de M. Steinheil, la *Prairie* de M. Tournemine, le *Pacage du Calvados* de M. Anastasi, sont autant de petits poèmes très caractérisés dans le style vigoureux, coloré, des *Orientales* et des *Ballades* de M. Victor Hugo, quelquefois aussi dans le style sentimental et brillanté des écrivains de la jeune école.

Les peintres de marine, d'architecture pittoresque, d'intérieur, d'animaux et de nature morte, forment par leur réunion une cohorte aussi nombreuse que celle des paysagistes. MM. Gudin, Jugelet, Couveley, Justin Ouvrié, Hildebrandt, Joyant, Kiorboé et Mlle Rosa Bonheur, sont ceux de ces artistes dont les ouvrages se présentent tout d'abord à la mémoire. Depuis les dernières expositions, Mlle Rosa Bonheur a fait d'immenses progrès ; elle est aujourd'hui un de nos meilleurs peintres d'animaux.

Ses bœufs et taureaux du Cantal sont bien certainement un des plus remarquables morceaux de l'exposition de cette année. La précision et la souplesse de son dessin, la simplicité magistrale de sa touche, qui ne se refuse cependant à aucun détail et à aucune finesse ; la vigueur et la réalité de son coloris, toutes ces qualités du vrai peintre, qu'on a fort injustement regardées comme l'attribut particulier de l'homme, ont été largement départies à Mlle Rosa Bonheur ; elle n'a qu'à persévérer dans ses consciencieuses études pour prendre dans l'école française actuelle un rang qu'elle gardera.

Il faut clore cette longue revue, et cependant nous n'avons pu mentionner bien des ouvrages qui ne sont pas dépourvus de mérite. D'où vient donc qu'à la première vue l'aspect de cette immense collection est si déplaisant ? D'où vient que le premier jour, en sortant du Louvre, chaque amateur désappointé condamnait sommairement le Salon de 1848 comme *détestable* ?

Ce jugement s'explique par cette abondance même. Il faut, pour démêler du milieu de cette confusion quelques toiles remarquables, et la plupart de moyenne ou de petite dimension, une persévérance que très peu possèdent. On aime mieux rester sur une première impression, et on est injuste. Nous devons reconnaître que la grande peinture, celle qui exige la réunion de qualités rares et exceptionnelles, telles que l'élévation, la beauté, la grâce, le sentiment poétique, n'est que fort médiocrement représentée dans cette assemblée populaire des arts ; MM. Ingres, Delaroche, Scheffer, Gleyre, d'autres encore, se sont tenus à l'écart. L'école de la couleur et de l'énergie, celle de la fantaisie brillante, s'y trouvent plus au complet. Dans les écoles d'un ordre secondaire, dans le paysage, dans la peinture de genre, les hommes d'un talent consommé sont nombreux ; mais peu de forces nouvelles se sont révélées. Si l'on ne peut donc pas conclure de l'expérience qui vient d'être faite que l'art soit en progrès, on ne doit pas non plus le déclarer en décadence ; on ne doit pas surtout désespérer de son avenir. Quoi que puissent dire les alarmistes de l'intelligence, nous avons la ferme conviction que l'art survivra à la grande crise qui renouvelle la société, car dans tous les temps l'art a profité du régime de la liberté.

Henri Blaze de Bury

LA SCULPTURE, LES PASTELS, LES DESSINS

Émeric David, dans ses recherches sur l'art de la statuaire, indique un certain nombre de règles principales, puisées dans la nature, que les artistes grecs auraient suivies, et auxquelles ils auraient dû l'excellence de leurs ouvrages. Ces règles sont relatives à l'accord des proportions ou à la *symétrie* ; à notre avis, elles sont trop absolues et trop exclusives. Rigoureusement observées, elles arriveraient à faire de la statuaire une science plutôt qu'un art, et enlèveraient à l'artiste toute spontanéité et toute invention. Nous craignons que l'application de ces principes, faite sans réserve vers 1800, n'ait été la cause principale de la froideur et de l'insipidité de la plupart des productions des statuaires les plus en vogue durant le premier tiers du siècle. Celle de ces règles, par exemple, qui astreint l'artiste à augmenter l'étendue réelle des parties principales en donnant à la forme autant de développement que la nature le permet, a entraîné tel artiste en vogue à une exagération des courbes qui conduit à l'abolition du caractère et de l'accent. Cette rondeur de la forme qu'on reproche à la plupart des statuaires de la période impériale et même à Canova, le prince de la sculpture, dont la renommée a un peu décliné, ne provient que de l'application par trop rigoureuse de cette règle du développement. Les grands statuaires grecs, à commencer par Phidias, n'obéirent à aucune loi de cette espèce. La forme, dans leurs ouvrages, est plutôt accusée carrément et par méplats que dans le sens du développement extrême de la courbe ; le muscle est profondément inscrit ; la sommité de l'os nettement indiquée, et jamais, aux attaches, le tendon n'est ni dissimulé ni complètement enlevé, comme chez les sculpteurs de la forme ronde et développée.

Cette absence de mouvement et cette froideur de l'attitude qui n'ont rien de commun avec le *style*, cet empâtement et cette rondeur de la forme qui ne servent trop souvent qu'à l'effacer et à la dissimuler, la plupart des défauts, en un mot, qu'on peut reprocher à la statuaire du commencement du siècle, furent le résultat d'une sorte de réaction systématique contre les traditions du XVIIIe siècle. L'école de l'antique mettait une sorte de puérile affectation à éviter tout contour, toute forme, toute attitude accentuée qui pussent rappeler les statuaires du siècle précédent, qu'elle ne regardait que comme des élèves dégénérés de Michel-Ange ou du Bernin. Ce dernier, il est vrai, régnait dans toute sa gloire lorsque le grand Colbert avait établi l'Académie de France à Rome, en 1665. Son influence s'était fait aussitôt sentir parmi les jeunes statuaires français. La vivacité particulière à notre nation n'était guère propre à tempérer cette fougue excessive qu'on reprochait au maître italien ; elle garantit toutefois nos statuaires d'une imitation trop servile. Même dans leurs écarts, ils conservèrent quelque chose de cette clarté et de ce naturel propres au génie français. Il y a plus : quelques-uns de ces artistes, si décriés il y a trente ans, exploitèrent avec un succès réel cette veine nationale indiquée par Puget en dépit de Girardon. Bouchardon, Coustou, Pigalle, Allegrain, Houdon, furent certainement plutôt Français qu'Italiens. Ils cherchèrent un style particulier, un genre de beauté propre à la nation, et si leurs tentatives ne furent pas toujours heureuses, si le beau leur échappa, s'ils ne le remplacèrent qu'imparfaitement par cette grâce conventionnelle, par ce genre de beauté un peu factice qui réside surtout dans l'expression vive et gracieuse, dans l'intelligente mobilité des traits, du moins furent-ils originaux et nationaux. Il est certes fâcheux qu'au lieu de retourner directement et absolument à l'antique, sans tenir aucun compte des efforts que ses devanciers venaient de tenter, et en haine même de ces efforts, la génération qui suivit n'ait pas persisté dans le sens national. Les traditions du XVIIIe siècle modifiées par l'étude naïve de la nature, l'inspiration intelligente de l'antique, eussent produit des résultats supérieurs à ceux que l'école néo-grecque nous a laissés.

Nous ne sommes pas de ceux qui répudient aveuglément tout le passé et qui ne rendent hommage qu'aux gloires contemporaines. Si nous désapprouvons le système qui présida aux travaux de la statuaire de la période impériale, nous reconnaissons toutefois que quelques hommes surent, en dépit de ce système, garder une sorte de personnalité et prendre dans l'art un rang que la postérité leur conservera. Indépendamment de Canova et de Thorwaldsen, dont la gloire est européenne, nous pourrions citer les noms des Chaudet, des Dupaty et des Bosio parmi ceux que l'historien de l'art ne doit pas rayer d'un trait de plume. Cortot, qui continua la tradition académique en *l'humanisant* quelque peu, et qui, dans telles de ses œuvres, sut atteindre à une majesté sans emphase, toute différente de la majesté napoléonienne, toujours un peu théâtrale, marque la transition de l'école de l'antique pur à l'école contemporaine. M. Simart, que l'on a signalé comme le continuateur de Cortot et de l'école dont ce statuaire éminent fut le dernier représentant, nous semble plutôt avoir ouvert dans son art une voie analogue à celle que M, Ingres a suivie dans le sien, mais avec plus de rigueur et moins de caprice. M. Ingres se dérobe volontiers à cette ligne inflexible que M. Simart suit obstinément. Cependant M. Simart, comme M. Ingres, puise largement dans la nature trop longtemps dédaignée, et c'est à ce commerce de tous les instants qu'il doit ces qualités toutes humaines, ce sentiment exquis de la forme et du dessin, qui le distinguent entre tous. Sa statue de la *Philosophie*, placée aujourd'hui dans la bibliothèque de l'ancienne chambre des pairs, est à la fois un des plus savants et des plus séduisants ouvrages que nous connaissions. En comparant cette figure avec la *Stratonice* de M. Ingres, on s'assurera tout d'abord que les analogies que nous signalions entre ces deux talents ne sont nullement imaginaires.

M. David d'Angers, qui étudiait à Rome en même temps que M. Cortot, a tenté dans l'art de la statuaire une révolution analogue à celle que Géricault, son contemporain, a opérée dans l'art de la peinture. Sans briser toutefois, comme ce grand peintre, avec la tradition académique, dont la statuaire ne peut absolument se dégager, M. David d'Angers est retourné résolument à la nature et a su s'élever en même temps, dans l'interprétation de l'art antique, à une énergie, à une vérité que n'avait su atteindre aucun des sculpteurs de l'époque précédente. L'étude des grands modèles de l'art grec du temps de Phidias et l'horreur de ces formes rondes et conventionnelles si à la mode vers 1820 dominent jusque dans les moindres compositions de l'auteur du *Philopoemen* ; mais peut-être, entraîné par une opposition systématique, tombe-t-il à son tour dans ces défauts qu'on pourrait appeler *réactionnaires* ; peut-être accuse-t-il la forme trop carrément et donne-t-il même à ses meilleurs ouvrages quelque chose d'anguleux et de contraint que les chefs-d'œuvre de l'antiquité ne nous présentent qu'aux époques archaïques. Ce système aurait pour extrêmes conséquences l'abolition complète de la grâce et de la beauté. Toujours est-il que M. David d'Angers est un statuaire hors ligne et que son influence

LA SCULPTURE, LES PASTELS, LES DESSINS

sur l'école aura été immense. Il a le premier fait sortir la sculpture du XIXe siècle des boudoirs et l'a fait descendre sur la place publique. Il a ouvert la voie où l'ont suivi tant d'artistes de talent, originaux chacun dans son genre.

M. Pradier, talent plus souple, plus gracieux, mais moins élevé que M. David, a combiné, comme lui, le naturalisme avec le style, et s'est formé une sorte d'idéal moins héroïque, mais peut-être plus conforme à l'esprit et au goût français. Dans ses compositions les plus importantes, on retrouve quelque chose de la souplesse et du mouvement des statuaires du XVIIIe siècle, mais avec plus de respect pour la forme, plus d'étude du détail précis, en un mot avec une compréhension de la nature moins arbitraire et moins factice. Toujours est-il que M. Pradier continue la tradition française avec les modifications que le temps et d'autres modes ont dû apporter dans les habitudes et les mœurs de la nation, et, faut-il le dire ? jusque dans la conformation de l'espèce. Ses nombreuses statues de femmes sont le type le plus exact, sinon le plus distingué, de la beauté française au XIXe siècle, beauté svelte, un peu chétive, et qui réside moins dans l'extrême pureté de la forme que dans sa souplesse et son élégance, dans la grande régularité des traits de la face que dans l'expression gracieuse et mobile.

La *Nyssia* de M. Pradier, la *Clytie* de M. Lescorné, *la Rêverie* de M. Jouffroy et la *Haïdée* de M. Husson sont autant de prétextes choisis par ces artistes pour nous représenter des jeunes filles ou de belles femmes nues ; mais, pour plaire, cette représentation exige une rare perfection que nous regrettons de ne pas rencontrer dans la plupart de ces ouvrages. Cependant, si la perfection est le fruit de l'étude et des connaissances accumulées durant des siècles, *labor mundi*, nul ne peut se trouver plus à même d'y atteindre que ces artistes, les derniers venus, et auxquels tant de chefs-d'œuvre ont pu servir de modèles. Cela indiquerait suffisamment que la perfection ne s'acquiert pas uniquement au moyen de la connaissance et de l'imitation de ce que les maîtres de l'art ont produit, mais par une vue particulière de la nature, à l'aide de cette influence secrète qui fait le grand artiste comme elle fait le grand poète, peut-être aussi par une éducation de l'œil qui, de nos jours, rencontre des obstacles de plus d'une nature, tels que le peu d'occasions de voir le nu, d'étudier la forme, de se pénétrer des belles proportions. Lysippe demandait à Eupompe : Quel maître dois-je imiter ? — La nature, lui répondait Eupompe. La beauté des statues grecques, l'admirable pureté de la forme, la grâce de l'attitude, la vérité du mouvement, l'excellence, en un mot, reposent donc dans une imitation intelligente de la nature, dont le principe doit plutôt s'appeler le vrai idéal que le beau idéal, car le beau ne peut exister sans le vrai. Nos mœurs et nos habitudes sociales ne nous permettent que bien difficilement d'arriver à la connaissance de ce vrai idéal auquel les grands artistes de l'antiquité ont souvent atteint. Aussi la perfectibilité indéfinie n'existe-t-elle pas pour l'art, et notre époque d'excessive civilisation ne refera-t-elle jamais ni l'Apollon, ni les Vénus de Médicis ou de Milo.

Ces considérations nous engageraient à applaudir plutôt aux essais tentés dans le sens de MM. Pradier et Clesinger, qui cherchent le nouveau, cette sorte de vrai idéal moderne dont nous parlions tout à l'heure, qu'à la persévérance classique de MM. Lescorné, Husson et Jouffroy, qui sont encore en quête de ce beau antique par excellence, qu'aucun artiste contemporain n'a pu rencontrer, et, il faut le dire, à côté duquel les grands artistes modernes se sont tous développés ; car ils n'eussent pas été grands, s'ils n'eussent été nouveaux.

La *Nyssia* de M. Pradier n'est autre que la femme du roi Candaule, dont, à commencer par Hérodote, l'histoire nous a été si souvent contée, mais jamais plus ingénieusement que par M. Théophile Gautier. C'est du récit de ce dernier que M. Pradier s'est inspiré. « Il faut que tu contemples Nyssia dans l'éclat radieux de sa blancheur étincelante, sans ombre importune, sans draperie jalouse, telle que la nature l'a modelée de ses mains dans un moment d'inspiration qui ne reviendra plus. Ce soir, je te cacherai dans un coin de l'appartement nuptial... Tu la verras ! » La statue de M. Pradier est la traduction, la mise en scène de ces paroles que le bon roi adresse à son favori. Nyssia est absolument nue, et, comme ses bras sont relevés par-dessus la tête pour rattacher sa longue chevelure, nul obstacle ne vient s'interposer entre ses charmes offerts sans voile à l'œil du spectateur. Il est fâcheux que ses formes n'aient pas toute la perfection que l'enthousiasme imprudent du roi Candaule devait faire supposer. La *Nyssia* de M. Pradier a la taille svelte et légère, la mine coquette et éveillée, et l'œil lutin de nos filles de

LA SCULPTURE, LES PASTELS, LES DESSINS

32

l'Occident. L'artiste a négligé de donner à ses membres les contours arrondis et le riche embonpoint, à ses traits la parfaite régularité, à son œil la forme amygdaloïde ce relevée de l'angle externe, en un mot tous les attributs caractéristiques de la beauté orientale. Nous soupçonnerions volontiers M. Pradier de n'avoir baptisé sa Nyssia, que longtemps après sa naissance et au moment de la lancer dans le monde. M. Pradier aura rencontré un gracieux modèle d'après lequel il aura façonné un beau bloc de marbre pentélique avec l'admirable facilité et le talent qui le distinguent ; puis, une fois le bloc métamorphosé en femme, il lui aura dit : Tu seras Nyssia. Nous doutons, du reste, que la *Nyssia* de M. Pradier soit sa fille de prédilection. Quelques négligences dans le torse, surtout dans la partie antérieure, trahissent un trop prompt abandon de la part du père. Le sein est pauvre et peu séduisant, comparé surtout aux admirables formes de la *Bacchante* de M. Clesinger. La triple ligne que présentent les muscles de l'abdomen tiraillés par les bras relevés sur la tête est d'un effet qui peut être naturel, mais aussi fort déplaisant. Quant à l'abondante chevelure de Nyssia, qui tombe en arrière de ses épaules

Plus longue qu'un manteau de roi,

elle doit à son abondance même, que le marbre ne peut qu'imparfaitement reproduire au moyen de masses informes, un aspect des moins agréables. Ajoutons que le marbre pentélique, dans sa nouveauté, est peu favorable à la reproduction si délicate des formes nues d'une belle femme ; quand l'exécution est récente encore et que le temps n'a pas éteint le *miroitage* de ses innombrables paillettes, leurs facettes nuisent à la finesse du modelé et à la suavité du contour : vues de près, les chairs paraissent comme *grêlées* ; mais ici ce n'est pas le sculpteur, c'est la matière qu'il faut accuser. Au total, on reconnaît le maître dans l'œuvre de M. Pradier ; pourtant son inspiration a été souvent plus heureuse et son exécution plus parfaite.

La facilité qui distingue avant tout les ouvrages de M. Pradier ne se rencontre pas au même degré dans la *Clytie* de M. Lescorné. Cette œuvre révèle néanmoins de sérieux efforts et n'est pas sans mérite. L'attitude de l'amante délaissée d'Apollon est excellente ; le mouvement du torse et l'agencement des bras indiquent suffisamment l'action. Toute la partie supérieure du corps semble

Henri Blaze de Bury

accompagner le mouvement de l'astre sur lequel les yeux sont fixés, et cela sans tomber dans l'exagération et le style contourné. La tête est un peu faible d'expression, les traits du visage sont communs ; nous aurions voulu que la nymphe fût plus belle. Le ventre, cet écueil de l'art de la statuaire, contre lequel tout le talent du sculpteur vient souvent échouer, est lourd, pendant, sans grâce. C'est la nature sans doute, mais la nature vulgaire, fatiguée, vieillie. Les muscles n'ont plus l'élasticité nécessaire pour maintenir les intestins, et l'abdomen tombe. On sent trop que le modèle qui a posé pour la *Clytie* mange, boit et digère. Les jambes sont traitées avec talent, la gauche surtout est excellente. Le défaut des œuvres de ce genre, défaut qu'on rencontre dans *la Rêverie* de M. Jouffroy, dans l'*Haïdée* de M. Husson, c'est l'absence d'un caractère bien tranché. On désirerait quelque chose de plus personnel et de moins banal, soit dans la pensée, soit dans la forme, soit dans le faire. L'œuvre est exécutée avec conscience et talent ; on la dirait irréprochable, et cependant ni le goût ni l'esprit ne sont satisfaits. Pourquoi ? Parce que l'originalité est absente. Il y a néanmoins une intention assez heureusement rendue dans la tête de *la Rêverie* de M. Jouffroy. Cette tête exprime bien le recueillement, mais la statue ne pouvait-elle pas s'appeler tout aussi bien *la Méditation* que *la Rêverie*, et cela d'autant mieux que l'attitude ne nous paraît pas indiquer d'une façon suffisante l'espèce de complète prostration où tombe le corps quand la tête l'oublie pour se perdre dans les domaines de la pensée ? Ces idées métaphysiques et toutes modernes ne sont pas, à notre avis, du ressort de la statuaire, plus propre à exprimer une action positive, une pensée nettement caractérisée, qu'à traduire des abstractions ou des nuances de sensations. *La Rêverie* de M. Jouffroy n'est peut-être pas la rêverie. C'est une étude de femme nue d'une exécution savante, et c'est le cas de rappeler ce mot de Diderot à Caffieri : « Vous n'avez pas fait ce que vous vouliez faire ; mais n'importe ! ce que vous avez fait est précieux ! »

Les mêmes observations peuvent s'appliquer à l'*Haïdée* de M. Husson. « Si jeune et si belle, Haïdée était d'une adorable ignorance ; comme une jeune colombe, elle volait vers son jeune ami. » La statue de M. Husson semble une traduction très libre des vers de lord Byron. Haïdée est jeune, elle est belle ; mais est-il rien chez elle qui indique une *adorable ignorance* ? et comment cela peut-il se traduire en statuaire sans tomber dans l'afféterie ou la niaiserie ? La cambrure des reins, la souplesse de la taille et la délicatesse des extrémités inférieures expriment plus heureusement l'idée de légèreté, bien que la jeune fille soit au repos.

Même quand l'oiseau marche, on sent qu'il a des ailes.

M. Clesinger nous a donné cette année une sorte de répétition de sa figure de *Femme couchée*, qui avait obtenu un si grand succès au Salon de l'an dernier. Cette fois c'est une *Bacchante* qu'il a représentée. Une magnifique femme nue, dont le visage et l'attitude respirent l'ivresse et la volupté, se roule sur un monceau de grappes qu'elle écrase avec le dos. Cette figure semble animée du souffle de la vie ; l'art a rarement atteint à une réalité si saisissante, et cela sans rien sacrifier d'un certain idéal sans lequel l'art n'existe pas. Le marbre est élastique et palpite comme la chair. Les belles épaules ! l'admirable poitrine ! comme ce sein détaché à la Michel-Ange est riche et puissant ! comme ces chairs sont à la fois mobiles et résistantes ! On voit la vie onduler sous cette peau souple et vivante. Tout ce buste offre la plus merveilleuse imitation de la nature, et cependant ce n'est pas la copie littérale du modèle ; c'est la nature choisie, idéalisée, la nature prise sur le fait avec tout son charme, toute sa vérité, avec ces détails précieux et sans nombre, cette simplicité de mouvement, cette largeur de modelé, cette parfaite connaissance du dessous de la peau, cette puissance de jet, qui n'appartiennent qu'à certaines natures heureusement douées.

M. Clesinger est assurément un artiste entreprenant, qui ne recule devant aucun obstacle, qui ne reconnaît aucune impossibilité. Représenter une belle femme ivre à la fois de vin et d'amour, c'était un thème dont les difficultés eussent pu déjà arrêter un esprit moins intrépide ; mais la jeter sur un lit de raisins qu'elle foule énergiquement avec ses épaules et ses reins, et dans lequel l'arrière de sa tête est comme enseveli, c'était une entreprise pleine d'audace et dont M. Clesinger s'est très habilement tiré. Rien de ridicule, rien de vulgaire, rien de repoussant dans la manière dont il a conçu son sujet. C'est la strophe du dithyrambe antique dans laquelle le poète nous représente la ménade échevelée, pleine à la fois de Vénus et de son dieu, et se livrant à de convulsives fureurs. L'attitude n'a rien, dans son voluptueux abandon, d'indécent ou de forcé ; c'est la souplesse et le jet hardi des sculpteurs du dernier siècle, combinés

Henri Blaze de Bury

avec la grâce académique de Canova, avec le naturalisme de M. Pradier.

La statue exposée l'an dernier par M. Clesinger avait causé parmi les artistes, qu'ils fussent ou non de l'Académie, une rumeur que sa *Bacchante* n'est pas propre à faire cesser. Les fanatiques de l'antiquité condamnent cette manière violente et dégagée de reproduire la nature dans tout son laisser-aller et sans jeter aucun voile sur ces secrètes vérités que l'antique se plaît à dissimuler sous un certain module uniforme et traditionnel. Les apôtres du style reprochent à la fois à M. Clesinger un naturalisme outré et une certaine tendance à la manière, sans faire entrer en compensation de ses défauts la rare distinction de l'ensemble de ses figures et la savante exécution de quelques-unes de leurs parties. Beaucoup d'autres enfin gourmandent le public de son engouement, et cependant le public est-il si blasé sur les œuvres, sinon complètes, sinon irréprochables, du moins originales, pour avoir le droit de se montrer si dédaigneux ? On doit sans doute reprocher à l'artiste certaines incorrections, particulièrement dans l'avant-bras gauche de sa *Bacchante*, qui paraît court en disproportion avec le reste de la figure, et à l'exécution duquel la matière semble avoir manqué ; une certaine recherche dans le contraste, peut-être trop accusé, que présentent le linge plissé à l'excès et les chairs trop soyeuses ; un abus du mouvement et de la facilité ; une tendance vers la ligne flamboyante, surtout dans ses bustes ; de la confusion dans les accessoires, tels que les grappes de raisin, qui pourraient être plus heureusement groupées. En revanche, on doit lui savoir un gré infini de son audace, de sa nouveauté, de sa facilité de jet, de son adresse d'exécution, mais surtout de ce qu'il n'est ni Grec ni Italien, de ce qu'il est lui-même.

M. Bonnassieux, qui avait débuté, il y a quelques années, par une charmante statue et par d'excellents bustes dans le goût antique, d'une exécution fine et naïve, a exposé cette année deux statues en marbre d'un caractère très différent. L'une d'elles représente *Jeanne Hachette*, l'autre *la Vierge-mère*. Le talent pur et gracieux de M. Bonnassieux convenait mal à l'énergique représentation de l'héroïne populaire de Beauvais ; l'attitude de la combattante est naturelle, mais elle n'indique pas suffisamment l'action. Je vois une jeune fille qui combat, et rien ne m'explique le motif de la lutte.

LA SCULPTURE, LES PASTELS, LES DESSINS

J'ignore si cette jeune fille irritée défend sa vie, sa vertu ou son pays. Les formes de Jeanne Hachette sont aussi trop chétives et trop virginales. Ces femmes fortes qui saisissent la hache ou l'épée, qui cherchent les aventures ou se jettent dans les combats, les Judith, les Jeanne, ont une tout autre organisation. Leur stature est élevée, leurs membres sont robustes, et les muscles se dessinent avec vigueur sous une peau brune et souple. La moustache de Renaud, ce fin duvet qui croît au menton de l'adolescent, ombrage légèrement leurs lèvres saillantes,

E intempestiva
Molle piuma del mento appena usciva.

Naguère encore j'ai pu voir, toute palpitante de l'animation des combats de février, une de ces créatures singulières qu'une sorte d'instinct batailleur précipite au milieu des insurrections, et qui se dressent sur les barricades, comme *la Liberté* de M. Delacroix. Cette fille étrange n'avait de la femme que le nom. Le cœur d'un soldat battait dans sa poitrine ; ses traits étaient masculins ; ses gestes, son allure et jusqu'aux sons de sa voix avaient quelque chose de virilement accentué. A voir le baudrier de la giberne et du sabre qui se croisait sur son corsage et le fusil qu'elle portait sur l'épaule, on eût dit un beau conscrit déguisé en femme. Ce mâle enthousiasme manque à la *Jeanne Hachette* de M. Bonnassieux, qui a plus de colère que d'élan. Elle tient un drapeau ; mais l'a-t-elle pris ou le défend-elle ? Elle n'est ni assez femme ni assez soldat et n'est pas surtout assez fille du peuple. Les chairs et les détails sont traités avec soin, bien qu'avec un peu de sécheresse. C'est une œuvre distinguée, comme tout ce que produit cet artiste, mais à laquelle l'inspiration a fait défaut. Quant à la *Vierge-mère* du même auteur, nous en parlerons tout à l'heure, quand nous nous occuperons des sujets de religion.

La *Sapho*, de M. Dieboldt, est un début. Le travail de l'artiste dénote cependant une certaine expérience, mais il manque de feu, ce qui est fâcheux pour un débutant. Le jugement que l'Institut avait porté sur cette figure, dernier envoi d'un élève de Rome, était, à la fois sévère et bienveillant ; il se terminait par l'invitation adressée à l'artiste d'achever certaines parties de son œuvre, invitation dont il ne nous paraît pas avoir tenu grand compte. Nous ajouterons à ce jugement une observation physiologique qui nous semble primer toutes les autres : M. Dieboldt a fait Sapho grasse et presque replète, et à notre avis il y a là une sorte de contresens. Quoi ! cette lourde et lymphatique personne serait Sapho, la fougueuse Lesbienne ? Sapho, sur le roc de Leucade, prête à se sacrifier à sa passion ! Sapho que le seul souvenir de son amant faisait défaillir, qui exhalait en cris l'hymne du désespoir et de la volupté ! Sapho devait être une autre femme que cela. Je la voudrais ardente comme Vénus, svelte comme Diane, car, chez ces natures passionnées, le feu intérieur consume l'enveloppe. Sa tête s'inclinerait sur sa poitrine, ses bras tomberaient, ses genoux ploieraient, son corps serait penché sur l'abîme, ses lèvres entr'ouvertes laisseraient échapper un cri : Phaon ! Enfin tout ferait comprendre que le mal qui la dévore est sans soulagement, qu'il faut mourir ou guérir. Le buste de *la Villanella* de M. Dieboldt a plus de charme que sa statue. C'est un morceau d'un caractère sévère, mais en même temps vivant et naïf. Le cou est lourd, la chevelure négligée ; en général M. Dieboldt ne finit pas assez.

MM. Daumas et Maindron n'en sont pas, eux, à leurs débuts ; ce sont deux sculpteurs d'un talent énergique, un peu inculte, et qui a de l'avenir. M. Damnas est supérieur à M. Maindron ; il a plus de vigueur dans le style, plus de souplesse et plus de science : il est plus complet. Son modèle de grandeur colossale de la *Victorina* est un des morceaux les plus remarquables de l'exposition. « La Victorina, nous dit M. Daumas, appartenait à une famille puissante de la Gaule. Elle jouissait d'une haute influence, et les historiens racontent qu'elle avait fait élire plusieurs empereurs. Sa présence dans les camps, des largesses faites à propos, et plus encore le respect inspiré par son dévouement, la firent surnommer la *Mère des camps*. A ces causes originelles de son influence, Victorina joignait l'autorité d'une âme ferme et virile, d'un esprit étendu. » M. Daumas a représenté l'héroïne gauloise telle qu'elle dut être en présence de l'armée. La Victorina indique sa puissance par les couronnes impériales qu'elle tient dans sa main. Ce morceau est exécuté avec une rare fermeté. L'attitude, qui rappelle celle du *Scipion*, est pleine de noblesse et d'énergie ; le mouvement du corps est excellent, et le jet tout-à-fait magistral. Par le jet, nous entendons cet enchaînement de toutes les parties, cet art de les

LA SCULPTURE, LES PASTELS, LES DESSINS

rattacher à cette ligne centrale qui serpente de la tête aux pieds. Le jet, c'est le sentiment, c'est la vie, c'est l'expression de la sympathie réciproque des membres entre eux. Le jet, c'est ce qui distingue l'artiste de l'ouvrier. Plus le jet est puissant et naturel, plus la soumission des détails et des accessoires à une loi générale est complète, plus l'œuvre gagne en excellence et en originalité. L'étude et la science peuvent faire un homme de talent. L'étude suppose la volonté, la science indique la volonté persévérante, et ce sont choses qui s'acquièrent ; mais le jet ne s'acquiert pas, et sans le jet on n'est pas homme de génie. Le jet est une des qualités les plus incontestables du talent de M. Daumas ; il imprime à toute sa figure, et même aux draperies largement plissées et qui se déploient sans raideur, un mouvement plein de majesté. Ces draperies sont peut-être un peu abondantes ; cependant, comme la Victorina était une matrone d'un âge respectable, nous excuserons M. Daumas de l'avoir si scrupuleusement enveloppée. La physionomie anguleuse et inflexible de la Gauloise a quelque chose des *Parques* de Michel-Ange.

Il y a moins de simplicité et plus d'hésitation chez M. Maindron. Il faut cependant lui savoir gré des efforts qu'il a tentés pour exprimer avec deux personnages une action qui convenait plutôt à la peinture ou au drame qu'à la sculpture. Sainte Geneviève, patronne de Paris, désarme Attila par ses prières et sauve la ville. La physionomie de l'*Attila* de M. Maindron exprime cette secrète et invincible terreur qui a dû précéder sa fuite ; mais l'attitude de la sainte manque de dignité : nous l'aurions voulue plus menaçante ou plus convaincue. La reproduction, par trop scrupuleuse, des détails de l'ajustement de Geneviève et de l'armure du roi des Huns donne aux deux personnages un aspect de réalité qui convient peu à la statuaire épique. Se préoccuper à ce point des accessoires et leur donner cette importance, c'est faire retourner la statuaire à cette époque où elle n'avait pu briser encore sa gothique enveloppe. Le groupe de M. Maindron ne nous rappelle-t-il pas en effet, sur des proportions colossales et avec une science d'exécution supérieure, ces sculptures dont les artistes du XIVe siècle décoraient l'abside des cathédrales ? Peignez les chairs, rehaussez de couleurs éclatantes ces détails de vêtements, et l'analogie sera frappante.

Nous pourrions appliquer les mêmes critiques à *la Vierge-mère* que

M. Bonnassieux a exécutée en marbre pour l'église de Feurs. Il y a
là une réminiscence du goût gothique par trop prononcée, mais
qui néanmoins convient mieux au sujet. La Vierge est embéguinée
dans un immense morceau d'étoffe qui l'enveloppe de la tête aux
pieds, et que l'artiste a orné sur le bord d'une broderie d'or et d'une
grecque azurée. Cette statue doit être sans doute placée dans une
niche et vue de face ; nous ne pourrions autrement nous expliquer
ce bizarre ajustement, qui la fait ressembler à un long et informe
paquet quand on la voit de dos. La tête de la Vierge est pleine de
distinction et de naïveté, les mains sont délicates, et l'enfant nu que
la Vierge, sa mère, tient dans ses bras est traité avec ce talent simple
et naturel, avec cette conscience que M. Bonnassieux apporte à ses
moindres ouvrages.

Trois statues en marbre, de dimension colossale, qui avaient
été commandées pour le jardin du Luxembourg par l'ancienne
administration, figurent à l'exposition de cette année ; ce sont
celles des deux reines Berthe et Bathilde et la statue de Mlle de
Montpensier. *La Reine Berthe, mère de Charlemagne*, de M.
Oudiné, est le meilleur, nous devrions dire le moins faible de ces
trois ouvrages. C'est un travail sagement conçu, soigneusement
exécuté, mais qui manque un peu d'accent. M. Oudiné s'est
préoccupé beaucoup trop du détail et pas assez de l'ensemble.
L'ensemble bien compris, c'est le mouvement, c'est la tournure, c'est
la vie. *La Reine Berthe* de M. Oudiné a un noble visage, de belles
mains ; elle porte fièrement la tête, et cependant elle ne vit pas.

Nous en dirons autant de *la Reine Bathilde, femme de Clovis II*,
de Thérasse. On comprend que cette personne, quelque haute
et puissante qu'elle ait pu être au vase siècle, doive fort peu nous
intéresser. Depuis l'an de grâce 656, plus d'une pieuse reine, plus
d'une épouse méritoire, se sont assises sur le trône. Si l'artiste
veut que ces évocations du passé nous émeuvent, il faut que lui-
même ait commencé par être ému, et que son œuvre soit, avant
tout, une œuvre d'art. Qu'il jette sur ces royales épaules un
manteau d'hermine ou un voile de nonne, qu'il entoure ces tailles
majestueuses d'un cordon de chanvre ou d'une ceinture ornée de
pierreries incrustées, peu m'importe ; ce que je veux voir, c'est la
femme, grande, belle ; passionnée, si elle l'a été ; recueillie, si elle
a mis son âme entre les mains de Dieu ou d'un prêtre. Je veux que

LA SCULPTURE, LES PASTELS, LES DESSINS

cette tête se redresse royalement ou s'incline ; je veux que cette taille s'assouplisse et se meuve, que ces bras ne soient pas collés au corps, que ces draperies dessinent les contours, que leurs plis se creusent et semblent agités par ce vent qui me fouette le visage ; je veux, en un mot, que la sainte femme ou la reine revivent sous le ciseau, et je ne puis dire que M. Thérasse, dont l'œuvre est estimable et consciencieusement traitée sans aucun doute, m'ait donné tout ce que je réclame.

M. Camille Demesmay n'a pas été plus heureux. Il avait à nous représenter la célèbre Mlle de Montpensier. A cet effet, il a chiffonné un énorme morceau de marbre dans le goût du temps où vivait son modèle. Aussi n'est-il arrivé qu'à nous donner une statuette colossale que ce luxe monstrueux de vêtements rend extrêmement déplaisante. Le statuaire, comme le poète, doit savoir dans l'occasion faire à l'art le sacrifice de l'exactitude, et ne prendre de la réalité que ce qui convient à son sujet ; autrement l'art n'existe plus.

Que dire du *Gaspard Monge* de M. Rude, du *sieur Ducange* de M. Caudron ? Ces deux statues de bronze, destinées, *Ducange* à Amiens, la patrie de l'auteur du *Glossaire, Gaspard Monge* à Beauvais, sa ville natale, sont des ouvrages convenables, mais auxquels l'art français ne devra pas un grand lustre. Le *Nicolas Poussin*, statue en bronze de M. Brian, et le modèle en plâtre de *Guttemberg, inventeur de l'imprimerie*, de M. Calmetz, peuvent marcher de pair avec les statues de MM. Rude et Caudron. De grâce ! messieurs les statuaires, songez moins à l'homme, à sa lourde figure, à son affreux costume, et préoccupez-vous un peu plus de l'art, car, dans ces représentations de personnages plus ou moins célèbres, l'art seul peut vous tirer d'affaire.

M. Malknecht a traité son *Mars blessé* dans le style banal de ces statues dont on décore nos carrefours. Quoi ! c'est là Mars blessé, mais en fureur, qu'un sombre nuage a porté au pied du trône de Jupiter ! Je préfère au *Mars* de M. Malknecht le *Prométhée* en marbre d'un sculpteur anonyme. Cette statue, de grandeur demi-nature, manque peut-être un peu d'accent, mais non de mouvement. Elle exprime plutôt les premières atteintes de la souffrance que les convulsions de la douleur. Il est vrai que le vautour ne fait qu'entamer sa proie. Il y a aussi une intention

Henri Blaze de Bury

poétique convenablement exprimée dans le caractère de la tête, et le marbre est traité sans mollesse et sans sécheresse, à la manière de M. Clesinger.

L'*Hercule étouffant Antée*, de M. Étex, petit modèle en bronze d'un groupe colossal que cet esprit aventureux et fécond avait projeté, a un accent bien autrement énergique. On retrouve dans ce projet la verve puissante de l'artiste que tourmente le besoin de produire, et qui, pour exprimer sa pensée, emploie tour à tour le ciseau, la brosse et le burin. A part quelques négligences, les traductions du *Prométhée* d'Eschyle, de l'*Électre* de Sophocle, des *Phéniciennes* et de l'*Hippolyte* d'Euripide, que M. Étex a récemment exécutées avec le burin, sont une des œuvres remarquables de ces derniers temps.

L'exposition de sculpture a été fort considérable cette année. Les groupes et les statues en bronze et en marbre sont en grand nombre, et nous doutons que, de longtemps, nous puissions revoir dans les salles du Louvre une pareille réunion, nous ne dirons pas de chefs-d'œuvre, mais d'œuvres recommandables. Les statuaires religieux ont surtout beaucoup produit. MM. Breysse et Dumoutet nous ont donné deux Christ en croix : le premier, de dimensions moyennes, exécuté en bois ; le second, moulé en plâtre. Le plus grand défaut de ces morceaux est de ressembler à tous les Christ connus. Nous leur préférons le modèle énergique que M. Préault vient d'exécuter, mais qu'il n'a pas envoyé an Salon. Il y a là une pensée et une personnalité, ce qui est rare aujourd'hui. Le *Christ au jardin des Oliviers*, de M. Dieudonné, est bien défaillant. C'est de la sculpture expressive qui laisse beaucoup à désirer quant au caractère et à l'étude. Le *Dépouillement du Christ*, de M. Justin, indique un grand savoir-faire ; mais là encore la pratique ne supplée pas à l'étude de la nature. Nous avons, en outre, des bustes de Christ en marbre et en plâtre ; des têtes de Christ en argent, ronde bosse repoussée au marteau ; puis un crucifix de M. Hugenin en bas-relief ; une *Résurrection du Christ*, de M. Iguel, vaste bas-relief destiné à la décoration d'un maître-autel, etc. Les *Vierges* sont plus nombreuses encore que les *Christ*. Nous avons une *Vierge*, en marbre de Visille, exécutée par un anonyme, ouvrage consciencieux, mais faible ; *la Vierge-mère*, de M. Bonnassieux, dont nous avons parlé ; *la Sainte Vierge présentant l'Enfant Jésus*, statue en marbre de M. Gayrard père ; *la Vierge présentant au monde son divin fils*, groupe en bois de M. Gayrard fils ; *la Vierge et l'Enfant Jésus*, de M. Huguenin ; la statuette de *la Vierge* de M. Vanlinden ; *la Vierge allemande*, de M. Charles Yon, statuette en plâtre d'après Albert Dürer ; enfin plusieurs *Visitations*, dont l'une de M. Triqueti, bas-relief, ou plutôt grande mosaïque en marbre, exécuté, ainsi qu'une *Sainte Famille* et un sujet allégorique, comme essais de décorations murales, applicables aux églises ou aux monuments publics. M. Triqueti est à la fois artiste et archéologue ; il s'est inspiré, dans ces compositions, du souvenir du magnifique pavé de la cathédrale de Sienne. Ces grandes mosaïques murales, dont on avait songé à décorer les parois de la crypte du tombeau de l'empereur Napoléon, trouveront une application plus heureuse dans des constructions plus vastes et où la lumière pénétrera plus abondamment. Nous distinguerons encore, parmi les œuvres de la statuaire religieuse, le *Laissez venir à moi les petits enfans*, de M. Pascal. L'exécution n'est pas très forte, mais le naturel et la naïveté de cette composition rachètent bien des défauts. Pie IX vient après les *Christ* et les *Vierges*. Dix statuaires se sont disputé l'honneur de reproduire les traits du pontife réformateur. Le meilleur de ces portraits est celui de M. Émile Thomas, à qui le saint-père a donné séance. La tête de Pie IX exprime la bonté et l'amour-propre satisfait, plutôt que cette intelligence vive et aventureuse que ses actes font supposer.

Nous ne devons pas terminer cet examen des sculptures sans mentionner les bustes de MM. Duret, Dantan aîné et Dantan jeune, et les travaux de M. Jaley, d'une nature très variée. La statuette en bronze d'*une Bacchante*, de cet artiste, paraît froide et guindée auprès de la vendangeuse de M. Clesinger ; elle offre néanmoins de charmants détails d'exécution. Son groupe en plâtre de *l'Amour maternel* est un des bons morceaux de l'exposition. Nous ne doutons pas que le ciseau ne donne au marbre une souplesse que le plâtre ne pouvait présenter. Ce modèle nous promet donc un beau groupe. Nous en dirons autant de *l'Heure de la nuit*, de M. Pollet, qui glisse silencieuse et endormie et ne paraît pas toucher au sol. Cette figure, qui rappelle d'une manière bien éloignée *la Nuit* de Thorwaldsen, est jetée avec beaucoup de délicatesse et de grâce. Nous craignons toutefois que M. Pollet, en voulant donner de la légèreté à sa figure, ne l'ait faite un peu grêle. Signalons encore *l'Innocence*, de M. Suc, exécutée avec talent, mais qu'on doit critiquer comme n'étant que la reproduction d'un sujet déjà traité bien des fois ; *l'Enfant jouant avec une fronde*, de M. Toulmouche ; l'*Horace enfant*, de M. Renoir ; les groupes de MM. Coinchon et Chenillon ; les bustes de MM. Ottin, Ramus et Vilain, et la *Bacchante*, de M. Schoenewerk. Cette dernière figure est traitée dans le goût antique, et la disposition de la chevelure est dérobée à un buste que nous avons vu quelque part. M. Schoenewerk voudrait-il être le Gérôme de la statuaire ? MM. Mène, Emmanuel Fremiet, Rouillard, Demay, M. Isidore Bonheur et Mlle Rosa Bonheur ont exposé des animaux ou groupés ou isolés, qui témoignent que cette branche de l'art est en progrès pour tout ce qui a trait à la reproduction exacte de la nature, mais qui n'ont rien de ce caractère en quelque sorte monumental que M. Barye sait imprimer à des compositions du même genre.

À l'exception des bas-reliefs mosaïques de M. Triqueti et du bas-relief de M. Klagman, représentant des *Enfants qui tiennent les attributs de la passion de Notre-Seigneur Jésus-Christ*, aucun morceau de ce genre ne nous a vivement frappé. Le bas-relief semble s'être réfugié dans le médaillon, qu'il torture étrangement, ou sur les parois du vase. C'est ainsi que M.Walcher a décoré de bas-reliefs circulaires représentant la culture de la vigne et des groupes de buveurs, espèces de bambochades sculptées, un modèle de vase dont le galbe pourrait être plus heureux. M. Vechte, qui travaille si merveilleusement l'argent, a représenté sur un intérieur de coupe *l'Harmonie dans l'Olympe*. Ce morceau, quoique moins important, n'est pas indigne de son grand vase de l'an dernier, ce chef-d'œuvre de repoussage. Souhaitons que la fortune publique se relève, et que le luxe nécessaire aux grands états et le père nourricier des arts permette à M. Vechte de donner à son beau talent tout le développement qu'il comporte.

Les médaillons et les projets de médailles sont nombreux. Parmi les artistes qui s'exercent dans ce genre, nous devons signaler MM. Oudiné, Vauthier-Galle, Farochon, Borrel, Calmelz, Dantzell et Pingret. Enfin, pour ne rien oublier, nous mentionnerons les repoussages et ciselures en acier et en argent de MM. Chanuel et Briet, qui tiennent à la fois de l'art et de l'industrie.

On a dit avec raison qu'il y avait autant de genres de peinture que de genres de poésie. Les aquarelles et les dessins au pastel et

LA SCULPTURE, LES PASTELS, LES DESSINS

au fusin peuvent être comparés aux ouvrages légers ou de courte haleine. Les dessins, les aquarelles et les pastels d'aujourd'hui sont à ceux d'autrefois ce que leurs analogues en poésie sont aux pièces fugitives du dernier siècle, c'est-à-dire que dans une foule d'essais des plus variés, au milieu de fantaisies charmantes, toujours brillamment colorées, on découvre parfois un trait vigoureusement accusé, une vue de la nature singulièrement naïve et profonde, un cadre heureux et qui, sous une apparence de vulgaire réalité, accuse des tendances morales très relevées. Cela prouverait une fois de plus que, dans l'art, il n'y a pas de genre qu'on puisse tout-à-fait dédaigner. Le pastel et l'aquarelle, tels qu'on les traite aujourd'hui, exigent presque autant d'étude, une dépense d'imagination aussi considérable, une science du dessin et de la perspective aussi réelle, des détails, sinon aussi précis, du moins aussi délicats et d'une réalité aussi frappante que ce qu'on est convenu d'appeler la *grande peinture*. Ce qui est certain, c'est que, dans les arts, du moment qu'on réussit, qu'on est original et qu'on prime dans son genre, on est grand artiste. Telle *eau-forte* de Rembrandt, telle aquarelle de M. Decamps valent mieux qu'une toile de quarante pieds de Solimène, de Pietre de Cortone ou de tel peintre contemporain.

L'admission de tout ce qui avait été présenté cette année au Salon rend difficile l'examen détaillé des dessins et des pastels. Quelques noms nous semblent mériter une mention particulière. Tels sont, parmi les aquarélistes et les dessinateurs, MM. Papety, Wattier, Yvon, Doussault, Jadin, Romain Cazes et Girard ; parmi les dessinateurs au pastel, MM. Curzon, Lazergues, Bazin, Sewrin, Borione et Schlesinger. N'oublions pas non plus deux femmes : Mlle Thuillier, qui nous a donné une suite de portraits de chefs arabes, exécutés la plupart en Algérie, et dans lesquels une sorte d'inexpérience consciencieuse et naïve ajoute un charme de plus à la réalité ; Mlle Nina Bianchi, qui traite le pastel avec cette largeur, cette solidité, ce moelleux qu'on a su récemment lui donner. Parmi les miniaturistes, ce sont aussi deux femmes qui se placent au premier rang. L'une d'elles, Mme de Mirbel, occupe depuis longtemps, dans l'art du portrait, une place qu'on pourrait difficilement lui disputer. Les portraits de MM. Thiers et Émile de Girardin, qu'elle a exposés cette année, brillent par les mêmes qualités qui distinguent ses autres ouvrages : la finesse, un rare mérite de ressemblance, et une grande distinction. Il nous semble cependant que la gamme de couleur de Mme de Mirbel a baissé de quelques tons. Cela paraît surtout sensible quand on vient d'étudier les miniatures de Mme Jules d'Herbelin, si vivantes, si puissamment colorées. C'est bien certainement le chef-d'œuvre du genre. Citons après ces deux dames Mlle Herminie Mutel, talent plus modeste, mais qui n'est pas moins réel.

Les esquisses de M. Lessorre, les fusins de M. Bellel, les crayons noirs et les eaux-fortes de M. Eugène Blery et les dessins d'architecture de MM. Toudouze, Constant Dufeux et Verdier, doivent encore être accueillis comme des essais heureux dans des genres bien divers. L'exposition de gravure et de lithographie a été fort nombreuse cette année. Là comme partout les œuvres suffisantes abondent ; les œuvres vraiment remarquables sont rares ; quant aux œuvres excellentes, on les cherche en vain. Cette absence des supériorités dans tous les genres tient à une cause que nous devons signaler en finissant, et à laquelle, comme on va voir, le remède s'appliquera de lui-même.

De 1815 à 1848, la France et les nations européennes ont joui d'une de ces paix prolongées, rares dans les annales de l'humanité, et que les peuples n'apprécient que lorsque l'heure des épreuves est venue. Les mœurs se sont adoucies, mais en s'amollissant ; les caractères ont perdu de leur ressort ; l'énergie s'est réfugiée chez quelques hommes dédaignés ou sacrifiés, qui, à l'heure suprême, ont déployé pour détruire une puissance de volonté étrangère à ceux qui voulaient conserver. Les arts, ce luxe de l'intelligence, ont dû mettre à profit ce long intervalle de repos ; mais là aussi le mal s'est montré à côté du bien. Dans ces trente dernières années, les artistes habiles, les gens de talent se sont singulièrement multipliés ; quelques hommes éminents se sont même révélés : nous sommes loin cependant de ces époques privilégiées où tous les grands peintres et les grands écrivains semblent se donner rendez-vous, telles que la fin du XVIe siècle pour les arts, et le commencement du XVIIe pour les lettres. Cet amollissement des caractères dont nous parlions tout à l'heure a pu expliquer à quelques égards l'absence d'œuvres vraiment supérieures qui s'est fait sentir cette année dans toutes les branches de l'art. La nouvelle ère qui s'ouvre

LA SCULPTURE, LES PASTELS, LES DESSINS

sera-t-elle plus féconde que l'ancienne ? Aujourd'hui, au fort de l'agitation politique, quand les murailles du Louvre répétaient encore les chants de victoire des combattants, les arts ont fait acte de présence, et les sympathies du public ne leur ont pas manqué : c'est un bon symptôme, mais qui ne doit pas faire oublier aux artistes les exigences sévères nées pour eux de la situation actuelle. La crise financière leur sera sans doute fatale ; le niveau de fer qui pèse sur tant d'existences doit briser le pinceau et l'ébauchoir dans la main de plus d'un homme de talent. Les jours difficiles vont commencer. Les encouragements que les particuliers accordaient aux artistes, et qui ne sont que l'emploi du superflu que bien peu possèdent aujourd'hui, vont leur manquer. Les nombreuses médiocrités qui vivaient de ce superflu sont donc condamnées à périr ; n'ayant pas foi dans l'art, elles le délaisseront et se réfugieront dans d'autres carrières plus profitables. Les vrais artistes lui resteront seuls fidèles dans ces jours d'épreuves et partageront ses destinées. Le sort de ces hommes dévoués devra inspirer à l'état une juste sollicitude. On a rappelé avec raison que l'époque de la plus vive agitation des républiques italiennes avait été la plus féconde en grands artistes ; on doit remarquer aussi que la sympathie des personnages illustres que leur génie plaçait à la tête des partis dans ces républiques était acquise à tout homme qui se distinguait par d'éminentes facultés, et qu'ils lui dispensaient largement le travail et la gloire. C'est aux artistes surtout qu'une aide puissante est nécessaire ; car ces natures délicates sont plus sujettes que d'autres à de mortels découragements. L'artiste, c'est l'ouvrier de l'intelligence ; ce que les ouvriers de la matière font pour le corps, il le fait, lui, pour l'âme. Il lui donne la santé, le plaisir, le bien-être ; il la soutient, il la fortifie, il l'élève. L'état lui doit donc son appui ; l'état lui doit surtout des travaux, car le travail pour l'artiste est le plus puissant des encouragements.

ISBN : 978-1543201079

Henri Blaze de Bury

www.ingramcontent.com/pod-product-compliance
Lightning Source LLC
Chambersburg PA
CBHW051823170526
45167CB00005B/2133